Trabajando con palabras en español

Adaptado para los Grados 1 y 2

Por

Norma Nuñez-Walsh

Lupe González-Romero

Carson-Dellosa Publishing Company, Inc.
Greensboro, North Carolina

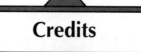

Credits

Editor
Joey Bland

Language Editor
Jennifer Johnson

Cover Design
Annette Hollister-Papp

ISBN 1-59441-026-7

Dedicatorio

Para nuestras familias: Brian, Rachel, Phil, Kiko y Paul. También para todos los niños de la escuela de East San José y las/os maestros que se dedican a la enseñanza.

Agradecimiento en especial a Pat Cunningham, Dottie Hall, y Richard Baldonado por el ánimo y la fe que nos brindaron.

Special thanks to Pat Cunningham, Dottie Hall, and Richard Baldonado for all your encouragement and faith in us.

Contenido

Contenido

Prólogo

La escuela primaria de East San José que está localizada en el area del sudoeste de la ciudad de Albuquerque adaptó el modelo de los Cuatro Componentes de Lecto-Escritura (Four Blocks). Es una escuela que se categoriza " Title I" desde el kinder hasta el quinto año. El 100% de los alumnos califican para la alimentación gratuita. El idioma español es el idioma natal representado a más del 92% de los niños. El 74% de los niños se califican LEP (Con limitaciones en su desarrollo del idioma inglés).

Nuestra escuela al igual que otras nueve escuelas primarias y dos escuelas intermedias preparan a los niños que asistirán a la escuela secundaria de Albuquerque High en donde se reporta que el 40.9% abandonan los estudios. También se reporta que el 40% de los alumnos del primer año de la secundaria leen bajo el nivel del 25 percentil. Aceptamos la responsabilidad que estos porcentajes no ocurren por casualidad.

Hace cuatro años que nuestra escuela adaptó el modelo de los Cuatro Componentes de Lecto-Escritura. Lo que distingue a nuestra escuela entre las demás es que es una escuela en la cual nuestro enfoque es el lenguaje dual. Se implementó el modelo de lenguaje dual de acuerdo con las investigaciones de Wayne Thomas y Virginia Collier que demuestran que el desarrollo del idioma natal aumenta la capacidad del desarrollo de las destrezas en el segundo idioma.

Nuestras colegas, Carolyn Robinson y Kay Fulton se prepararon para tomar el título de Entrenadoras de los Cuatro Componentes de Lecto-Escritura para nuestra escuela. Ellas se dedicaron a preparar a todas las maestras, a los maestros y a las asistentes de East San José. Descubrimos que tendríamos que modificar el modelo escrito por las autoras Patricia Cunningham y Dottie Hall en inglés, para el desempeño del modelo en nuestras clases de lenguaje dual. Nuestro director, Richard Baldonado, proporcionó los recursos necesarios. Bajo su buena dirección y gran apoyo pudimos sacar adelante el modelo de Los Cuatro Componentes de Lecto-Escritura en español.

El modelo de lenguaje dual del 90/10 se divide entre los años del kinder hasta el quinto.

- 90/10 (90% español y el 10 % en inglés) tres clases de kinder
- 90/10 (90% español y el 10 % en inglés) tres clases de primero
- 80/20 (80% español y el 20% en inglés) tres clases de segundo
- 70/30 (70% español y el 30% en inglés) tres clases de tercero (aumentando al 60/40 para terminar el año)
- 60/40 (60% español y el 30% en inglés) cuatro combinaciones de cuarto y quinto (aumentando al 50/50 para terminar el año)

Con mucho entusiasmo se inició el modelo de los Cuatro Componentes de Lecto-Escritura en los grados primarios. Los componentes de la Escritura y de la Lectura Auto Selectiva fueron los más faciles de adaptar ya que se sostiene la misma instrucción en los dos idiomas. La distinción estuvo en las mini- lecciones de la escritura con la acentuación y en la puntuación del idioma español. Al principio nuestra colección de literatura infantil en español era mínima. Pero con el tiempo se asignaron fondos para la compra de libros. Con mucho esfuerzo ahora tenemos una colección extensa. Acudimos a las compañias de Hampton Brown, Scholastic, Crossroads y The Wright group y otras.

 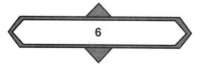

Los Componentes de la Lectura Dirigida y del Componente de Palabras nos causaron inquietud. No estábamos seguros de cual de los dos idiomas usar para lograr los mejores éxitos. Decidimos que tendríamos que desenvolver la lecto-escritura en español para lograr nuestras metas del bilingüismo. Entonces, se presentó nuevamente, el problema de la falta de materiales en español para la lectura dirigida. Acudimos a la compañia de Houghton Mifflin para conseguir una serie de libros acompañantes a la serie de libros que ya habíamos adoptado en inglés. Afortunadamente, los conseguimos. Después también asignamos fondos para la compra de otros títulos para ampliar nuestra colección de materiales para la lectura dirigida.

El componente de la Lectura Dirigida en español es muy parecido al de inglés. Así como en inglés, primero se solicitan los fondos de conocimientos de los niños. También se desarrolla el vocabulario y se puede usar una gran cantidad de los organizadores gráficos para desarrollar la comprensión de la lectura.

El mayor problema se presentó con el Componente de Palabras ya que el modelo de lenguaje dual también estaba en sus primeras etapas de desempeño. Todavía estaba por verse cuales serían los aspectos de tal programa que darían los mejores resultados. No estabamos seguros hasta qué punto desarrollar la ortografía y la gramática en los años primarios.

Decidimos que nos íbamos a guiar con los trabajos de los niños y con las dificultades que surgieran al pasa del año. Formulamos dos listas de palabras de uso de mayor frecuencia, una para el primer año y otra para el segundo año. Para el primer año, tomamos las palabras que aparecían frecuentemente en la lectura dirigida y también, de sus trabajos de redacción. Formulamos una lista del segundo año principalmente con palabras que los niños deletreaban con errores en su redacción y con algunas que aparecían frecuentemente en la lectura dirigida.

Fuimos evolucionando actividades de repaso y actividades para desarrollar el uso de la pared de palabras usando las reglas de la ortografía y de la gramática del idioma español. Descubrimos, también, que para el primer año, la introducción de la silabización es algo muy importante para la lectura y escritura en español.

Para este manual juntamos una colección de lecciones que dieron éxito a nuestros niños de East San José. Son lecciones que son muy adecuadas para el aprendizaje del idioma español. Para nuestro modelo de lenguaje dual, las actividades del modelo de los Cuatro Componentes de Lecto-Escritura que son de tanta participación activa y multi-niveladas fue de mucho beneficio tanto para los niños de habla hispana como para los niños de habla inglés.

Las metas propuestas para el Componente de las Palabras:

- que los niños aprendan a leer y a deletrear las Palabas de Uso de Mayor Frecuencia

- que los niños aprendan a distinguir las partes parecidas entre ciertas palabras para poder deletrear y leer palabras nuevas

- que los niños en la lectura y en la redacción usen automáticamente los patrones de ortografía parecidos, reconozcan la posición de los acentos escritos y que desarrollen la fluidez atravez de la fonética

- que los niños reconozcan la silabización en la lectura del idioma español.

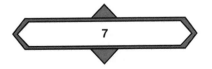

Introducción de la Pared de Palabras

Es muy importante que en una aula de clase bilingüe, la pared de palabras en español esté aparte de la pared de palabras en inglés. La pared de palabras es un espacio en el salón de clase de mucha importancia en el cual se exhiben las Palabras de Uso de Mayor Frecuencia.

Las palabras se exhiben escritas de un tamaño suficiente grande para que sean accesibles para cada uno de los niños. Se escriben con marcador negro usando una variedad de colores de cartonsillo para que los niños puedan encontrar las palabras fácilmente.

Se incluyen los tildes y los acentos escritos sobre las sílabas de las palabras a cuales corresponden.

La lista de Palabras de Mayor Frecuencia se forma para que los alumnos tengan ejemplos de los patrones parecidos entre palabras, incluso para demostrar el deletreo correcto de las palabras. Con esta lista también se practica la lectura de las palabras por medio de la silabización que es fundamental para el idioma español. Con el tiempo, estas destrezas se revelan en la escritura y en la redacción de los niños.

Las listas del primer y segundo grado que están adjuntas contienen más de 100 Palabras de Uso de Mayor Frecuencia. Son palabras comunes y el uso de estas palabras dependerá de cada clase individual y del currículo indicado.

La lista de Palabras de Uso de Mayor Frecuencia contiene lo siguiente:

- palabras comunes que los niños deletrean con errores (tamvien-también, ceria-quería, oi-hoy)

- algunos ejemplos de los finales comunes entre palabras (tenía, había, acción, lección)

- algunos ejemplos de las palabras que llevan acentos escritos en la sílaba tónica (después, tenía)

- algunos ejemplos de las palabras que contienen la letra ñ (niño, pequeño)

- algunos ejemplos de las palabras que se escriben con la h muda (había, hasta, has)

- algunos ejemplos de las palabras que contienen el vocablo qui, y que (quiero, quedar)

- algunos ejemplos de las palabras que llevan la rr y la ll

- algunos ejemplos de las palabras que llevan combinaciones de letras (clase, frente)

- y algunos ejemplos de las palabras que llevan la combinación de la mp y mb (también, limpio).

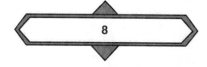

El Procedimiento de la Enseñanza de la Pared de Palabras

Primero: La maestra selecciona cinco palabras para presentar cada semana. Esto depende al currículo y al nivel de los niños. La maestra escribe cada palabra en un pedazo de cartoncillo (un color diferente para cada palabra) con un marcador negro grande. Si la palabra lleva acento escrito o una tilde se incluye.

Segundo: Las cinco palabras se exhiben ya sea en el pizarrón o en cualquier lugar aparte de la pared de palabras. Se exhiben por orden del abecedario. (Es muy importante que las palabras sean muy diferentes una a la otra para que los niños no se confundan).

Tercero: Cada niño tiene algo con que escribir. La maestra presenta la primera palabra en una oración oral. Los niños leen la palabra. Se anima que, por lo menos, uno de los alumnos también ofrezca una oración oral con la palabra indicada.

Cuarto: Los niños deletrean la palabra de letra por letra y la leen sílaba por sílaba. Se recomienda que lo hagan con algún tipo de movimiento, tal como aplaudiendo las letras y las sílabas o aporreandolas animádamente.

Por ejemplo: la palabra vamos, v-a-m-o-s y luego la leen va-mos. También hay que llamar atención a los acentos escritos o a las tildes durante este tiempo, para que los niños los vayan reconociendo automáticamente. Si la palabra contiene acento escrito o una tilde, al tiempo del deletreo se señala con la mano o con el dedo aire.

Quinto: La maestra demuestra la escritura correcta de la palabra y los niños escriben la palabra. Esta es una oportunidad para que la maestra modele para los niños la forma correcta de la escritura y la forma correcta de las letras.

Sexto: Acontinuación, se procede una actividad de repaso atrás de la hoja en la cual escribieron las cinco palabras de la semana.

(Los antecedentes se repiten con las otras palabras de la semana.)

Este proceso se repite los primeros días de la semana. Al medio de la semana, se pegan las palabras a la pared de palabras y los pasos anteriores del primero al quinto se repiten con cinco palabras diferentes cada día. Deben ser diferentes a las que se presentaron durante las semanas pasadas. La cantidad de palabras va aumentando cada semana como se van pegando las cinco palabras semanales.

El repaso mediado de la semana puede depender en los trabajos de los niños o en las dificultades que demuestran durante otras lecciones, ya sea en la lectura o en la escritura.

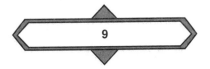

Trabajando con palabras en español
CD-104013 © Carson-Dellosa

120 Palabras Que Se Usan Con Mayor Frecuencia en el Primer Año

ahora	fueron	pasa
algo	fui	pequeño
allí	grande	pero
amigo	gusta	perro
amo	había	pone
aquí	hacer	por
así	hay	porque
ayuda	hermano	puedo
bien	hola	que
bonito	hoy	quien
bueno	íbamos	quiero
busca	ir	quitan
cada	juntos	rápido
casa	jugar	rato
chiquito*	la	risa
clase	las	sabe
como	le	sale
con	libro	se
cuándo	llamo	ser
cuál	llegó	son
de	llevar	su
del	los	también
después	luego	tan
día	mamá	te
dice	mañana	tener
dijo	más	tengo
dönde	me	todo
dos	mi	tuyo
el	mío	uno
ella	miro	uso
enfermo	mucho	ustedes
era	muy	vamos
es	nada	ver
ese	niño	vez
eso	noche	viene
están	nos	voy
este	otro	y
estoy	oye	ya
familia	papá	yo
favorito	para	zoológico

120 Palabras Que Se Usan Con Mayor Frecuencia en el Segundo Año

abajo	excelente	oye
afuera	fácil	pequeño
agarrar	favorito	porque
ahora	fui	poquito
alguien	gente	prestar
algunos	gracias	puedo
allí	grande	que
añadir	había	quería
aquí	hacia	quiero
atención	haciendo	rápido
ayer	hambre	recoger
ayuda	has	sabe
bastante	hasta	seguimos
bueno	hay	siempre
bien	hizo	siguiente
brincar	hoy	solamente
caer	íbamos	suave
casi	igual	también
charlar*	información	tener
conmigo	interés	tiene
crecer	jamás	todavía
cuál	joven	todos
cuándo	juegos	trae
cuidar	jugar	tratar
debajo	juntos	tuyo
decir	leer	último
desde	limpio	único
después	llamar	ustedes
dicen	llegar	vamos
dijo	luego	veces
dónde	más	veo
ejemplo	mover	viene
ellos	mucho	vez
empezamos	muy	y
encontré	nadie	ya
enfrente	necesitamos	yo
entonces	nuestro	yarda
está	nunca	zapato
estaba	olvidar	zoológico
estoy	otros	zumbar

Trabajando con palabras en español

CD-104013 © Carson-Dellosa

Introducción de las Actividades de Repaso

Las actividades de repaso son actividades que se pueden prestar para repasar ciertos patrones del idioma o la posición de los acentos escritos. También, se pueden destacar los sufijos y los prefijos comunes del lenguaje. Incluso, se pueden usar para repasar las reglas del idioma español que sean apropiadas al nivel del grupo y al currículo indicado y al plan de estudio. Pero sobre todo, los niños aprenden a familiarizarse con el deletreo correcto de las palabras y a practicar la lectura y así van desarrollando la fluidez del lenguaje escrito.

Estas sugerencias de las Actividades de Repaso son parecidas a las actividades que se sugieren en el manual de Los Cuatro Componentes de Lecto-Escritura, escrito por Patricia Cunningham y Dottie Hall. Pero, notarán que hay algunas carácteristicas que son únicas al idioma español.

Adjunto se incluyen algunas muestras de Actividades de repaso. La implementación dependerá del nivel de los niños y del currículo indicado. Estas actividades son las que se practican después de haber terminado con las cinco palabras de la semana. (Una lección de las Actividades de Repaso se realiza si la lección de las cinco palabras se termina en 10 minutos o menos).

Un repaso del patrón final *ía*:

> Se selecciona una palabra de la pared que contenga el final **ía**.

> Por ejemplo la palabra, todavía

A los alumnos se les pide que la busquen en la pared de palabras y que la escriban.

Después, se les pide que escriban otras palabras como,

> dormía, comía, vendía, ferretería, peluquería.

El propósito será que ellos escriban las palabras con el acento escrito sobre la **í**.

Un repaso del patrón de la *H muda* al principio de la palabra:

> Se selecciona una palabra de la pared que lleva la **H muda** al principio.

> Por ejemplo la palabra, haciendo

A los alumnos se les pide que escriban la palabra.

Después, se les pide que escriban otras palabras como,

> hormiga, hogar, hueso, haber y humedad.

El propósito es que ellos escriban las palabras con la **H muda** al principio.

Un repaso de palabras que llevan la *ll*:

> Se selecciona una palabra de la pared de palabras que lleva la **ll**.

> Por ejemplo la palabra, llegar

A los niños se les pide que la escriban.

Después, se les pide que escriban palabras como,

> llover, semilla, llano, lluvia, astilla.

El propósito es que los niños conozcan las palabras que corresponden a la regla de la **ll**.

Un repaso de las palabras que llevan la *ch*:

> Se selecciona una palabra de la pared de palabras que lleva la **ch**.

Por ejemplo la palabra, chiste

A los niños se les pide que la escriban.

Después, se les pide que escriban otras palabras como, *chicharron, *chicle, *rancho, mucho, chaleco.

El propósito es que los niños usen la combinación **ch**.

Una actividad de repaso para el uso de los artículos:

Anteriormente, la maestra selecciona cinco palabras que sean sustantivos de la pared de palabras.

> Por ejemplo las palabras, casa, hermano, juegos, páginas, zoológico

A los niños se les pide que escriban el sustantivo con el artículo que dicta la maestra con una oración oral (la casa, el hermano, los juegos, el zoológico, las páginas).

Por ejemplo:

> Oración oral: Yo voy a la casa de él.
>
> Los niños escriben: la casa
>
> Oración oral: Tú vas a leer las páginas.
>
> Los niños escriben: las páginas

El propósito es que los niños aprendan a usar los artículos masculinos, femeninos, singulares y plurales.

Se puede preparar un letrero en el salón de clase para ir añadiendo los sustantivos con los artículos que van aprendiendo para que los niños tengan a donde acudir.

Una actividad de repaso el dictado:

La maestra selecciona ciertas palabras de la pared de palabras para dictar de una a dos oraciones (la lección depende del nivel de los niños).

La maestra dicta las oraciones.

Por ejemplo:

> Yo voy a mi casa.
>
> Estoy muy contento.

A los niños se les pide que escriban las oraciones.

Después, la maestra escribe el dictado en el pizarrón, y juntos, corrigen las oraciones.

CD-104013 © Carson-Dellosa

Modificaciones: dictado de palabras aisladas,los alumnos corrigen sus oraciones en parejas o en grupos.

Una actividad de repaso, adivina lo que pienso:

La maestra selecciona una palabra de la pared de palabras y los niños escuchan las claves para que ellos adivinen a cual palabra se refiere la maestra.

Procedimiento:

1. Los niños escriben los numeros del 1 al 5.

2. La maestra comienza con la primera clave, y los niños

Tienen que adivinar cual palabra corresponde a la clave.

Por ejemplo: Esta palabra es una de las palabras de la pared.

3. Ellos seleccionan una de las palabras de la pared.

4. La maestra sigue con la segunda clave, después con la tercera, etc.

Por cada clave que da la maestra, ellos escriben una palabra. El propósito es que ellos resuelvan que con las claves, la maestra está tratando de describir la misma palabra.

Una muestra de preguntas:

1. Es una de las palabras de la pared.
2. Contiene dos sílabas esta palabra.
3. Principia con la letra P.
4. Esta palabra lleva acento escrito en la última sílaba.
5. Corresponde a esta oración: Mi papá es muy fuerte.

Ejemplo del niño:

1. vamos
2. vamos
3. para
4. papá
5. papá

Un repaso de las palabras que llevan la combinación de letras *mp* y *mb*:

Se selecciona una palabra de la pared que lleva esta combinación de letras.

Por ejemplo la palabra, limpiar.

A los alumnos se les pide que escriban la palabra.

Después, se les pide que escriban otras palabras como: empujar, romper, empacar, tiempo.

El propósito es que los niños aprendan a usar correctamente la combinación de la mp. Este repaso se puede repetir con la combinación de la mb. Por ejemplo: también (timbre, sembrar, hombre, lumbre, mambo).

Através del mismo proceso también se pueden enseñar las actividades siguientes.

Un repaso de la *rr*—agarrar (correr, ferrocarril, horror, marrón, parroquia)

Un repaso de la *ex*—éxito (excusa, explorar, excepto, extraño)

Un repaso de las combinaciones *pr*, *gr*, *fr*, *tr*, *br*

Un repaso de la *ñ*—mañana (engañar, *legaña, muñeca, cariñoso)

Un repaso del final *ión*—lección (pensión, emoción, canción, acción)

Un repaso del vocablo de la *que* o de la *qui*—quería (quema, queso, quedar, porque, *chaqueta, quiero, quito, quiso, equipo, tranquilo, máquina)

Un repaso de conjugación del verbo al tiempo del gerundio:

Se selecciona uno de los verbos de la pared de palabras.

Por ejemplo la palabra, hablar

A los niños se les pide que escriban el infinitivo del verbo.

Después, se les pide que cambien el final de ar por ando y que escriban la palabra nueva, hablando.

La maestra puede sugerir otros verbos que terminan con ar.

dejar—dejando llevar—llevando sacar—sacandon tomar—tomando

Los alumnos escriben las palabras nuevas (nomás el tiempo del gerundio). Este repaso se puede repetir con los verbos que terminan con ir -iendo o er-iendo. Por ejemplo: correr, poder, tener, escribir, subir, abrir, cumplir.

Un repaso del verbo al tiempo del pasado:

Se selecciona uno de los verbos de la pared de palabras.

Por ejemplo la palabra, escribir

A los niños se les pide que escriban el verbo.

Después, se les pide que cambien el final ir por una ó con acento o una í con acento.

escribió   escribí

(Se aclara que si el pronombre es "yo" - el verbo cambiará a escribí. Si el pronombre es "el/ella"- el verbo cambiará a escribió.)

El propósito es para repasar el uso del acento escrito sobre la última sílaba del verbo en el tiempo del pasado.

Los antecedentes son algunos ejemplos de las Actividades de Repaso. Sus actividades dependerán del currículo indicado, de su plan de estudio o de los niveles de los niños. Todo puede ser modificado.

CD-104013 © Carson-Dellosa

La Fonética y la Ortografía

Así como sugieren las autoras, Patricia Cunningham y Dottie Hall que los niños aprenden la fonética atravéz del aprendizaje de los patrones ya que el idioma de inglés es tan complicado, también se puede enseñar el español. En el idioma español, las consonantes y las vocales por lo general, tienen un solo sonido cada una. Pero sí hay distinciones del idioma español.

Por ejemplo, la acentuación de las palabras. La sílaba que se pronuncia más fuerte en una palabra, es la sílaba tónica como en las palabras, hacía, acción, después y matemáticas.

Existe también, la regla de la Ll: todas las palabras que comienzan con fa, fo, fu (falleció, fallaste, folletos); las palabras que terminan con illo/illa (silla, ardilla, anillo, brillo);los vocablos que comienzan con lla, lle, llo, llo (llamar, llevar, lluvia, llorar)

El uso de la c antes de la e o de la i tiene el sonido suave (parece, dice, cien). Cuando la c está antes de la o , de la a y de la u, la c tiene el sonido fuerte (color, cuello, casa).

El uso de la qui y de la que con las palabras quiero o queso es algo propio al idioma español.

Otra regla es la de la g suave con las vocales a, o, u (ganar, gusta, gota). Pero, delante de la i o de la e se añade una u (que no se pronuncia) - alguien, guerra.

El uso de la combinación de la m con la p o con la b (tiempo, también). (La m siempre va junta la b y la p en una palabra).

Las combinaciones comunes que se presentan son: fr-frío, fl-flor, br-briza, bl-blusa, gr-grito, gl-globo, pl-plato, pr-prima, tr-tren, cl-clase, cr-creer, tr-tres.

El sonido de la j delante de la a, o, u (jaula, jugar, joven), pero también se puede escribir con una g antes de las vocales i y e (gente, página).

En español se usa la rr o la r. Cuando la r está al principio de la palabra, se pronuncia fuerte, pero se escribe con una r (rápido). Si aparece entre vocales y se pronuncia suave, se escribe una r (afuera). Cuando está entre vocales y se pronuncia fuerte, se escribe con rr (tierra).

En español, las letras B y V comparten un mismo sonido. Para distinguirlas, la B es b de burro y la V es v de vaca, o "b" grande y "v" corta.

Las reglas de la H muda: todos los tiempos del verbo haber, todas las palabras que comienzan con los diptongos ua, ue, ui, ia, ie (hielo, huella, hiato, hielo), todos los tiempos de los verbos hacer, hablar, hallar, habitar.

Los antecedentes son algunos ejemplos de las reglas y patrones que se revelan en el idioma español y que son reglas y patrones que son apropiados para los niveles del primer y segundo grado. Claro, hay que evaluar cada grupo y preparar las lecciones de acuerdo a los niveles de los niños, al plan de estudio y al currículo indicado.

Adivina la Palabra Cubierta

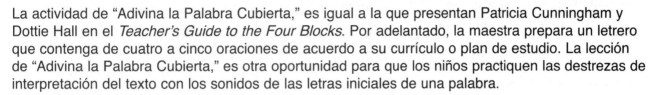

La actividad de "Adivina la Palabra Cubierta," es igual a la que presentan Patricia Cunningham y Dottie Hall en el *Teacher's Guide to the Four Blocks*. Por adelantado, la maestra prepara un letrero que contenga de cuatro a cinco oraciones de acuerdo a su currículo o plan de estudio. La lección de "Adivina la Palabra Cubierta," es otra oportunidad para que los niños practiquen las destrezas de interpretación del texto con los sonidos de las letras iniciales de una palabra.

En cada oración, se cubre una de las palabras con una notita adjesiva. La letra inicial se cubre aparte con un pedazo de notita adjesiva.

1. El gato es **bonito**.

2. A ella le gusta **cantar**.

3. La **niña** es linda.

1. grande	2. jugar	3. gata
negro	bailar	muñeca
chiquito*	comer	niña

La maestra después revela la letra principante de la palabra cubierta.

1. El gato es b[____].

2. A ella le gusta c[____].

3. La n[__] es linda.

Se eliminan las palabras que adivinaron que no comienzan con la misma letra que se revela.

1. grande	2. jugar	3. gata
negro	bailar	muñeca
chiquito*	comer	niña

De nuevo adivinan los niños palabras que comienzan con la letra que se revela.

1. bonito	2. cantar	3. nena
bueno	calzar	nieve
bello	caminar	nana

Aun haber adivinado cantidad de palabras que pueden corresponder a la oración y que comienzan con la letra revelada, se destapa la palabra entera.

Através de esta actividad se puede repasar cualquier materia del contenido. Se preparan las oraciones con la información del tema o del plan de estudio. Se pueden preparar las lecciones con párrafos en los cuales se cubren ciertas palabras que desenvuelven el enlace del plan de estudio o del currículo indicado.

Adivina la Palabra Cubierta

PRIMER AÑO

Los siguientes son otros ejemplos de algunas lecciones para la actividad de "Adivina La Palabra Cubierta."

octubre

Me gusta comer **sopa**.

A Ana le gusta comer **tacos**.

A Luis le gusta **pintar**.

A Sara le gusta **correr**.

Carlos ama a su **abuelita**.

Brenda ama a su **muñeca**.

Yo amo a mi **familia**.

Daniel ama a su **papá**.

noviembre

A los niños les gusta **cantar**.

Mi papá mira un globo **azúl**.

Angel mira un **león**.

Ella es muy **bella**.

A Eva le gusta jugar **béisbol**.

El pavo camina muy **recio**.

Yo quiero jugar con mis **amigos**.

Victor juega con su **perro**.

diciembre

Mi familia

Toda mi familia fue al **circo**.

Mi hermanita tiene muchas **mascotas**.

Mamá hace bastantes **tamales***.

Nuestro papá arregla **bicicletas**.

Nuestro salón

Los niños **dibujan** con cuidado.

Hay **dibujos** en la pared.

La maestra usa marcadores* para **escribir**.

Vamos a sentarnos en la alfombra para **compartir**.

Enero

A Manuel le encanta patinar en el **lago**.

Pablo puede **pescar** en el río.

Javier oye al niño **llorar**.

Yo quiero comprar **chocolate**.

Kiko recibió muchos **abrazos** para su cumpleaños.

David se divierte con su **vecino**.

Ese perro es muy **pequeño** y juguetón.

Manuel le dio un **regalo** a su mamá.

febrero

El Día de San Valentín

Oscar le lleva **tarjetitas** a su maestra.

Los pastelitos tienen **corazones**.

Febrero es el mes de **alegría**.

Laura da **dulces** para el día de San Valentín.

Invierno

Cuando hace frío usamos **botas**.

El mono de nieve tiene **guantes**.

Ernesto hizo un **ángel** en la nieve.

Algunos animales **duermen** durante el invierno.

marzo

El mes favorito de Roberto es **junio**.

El deporte preferido de Tavo es **tenis**.

A Denise le encanta comer **albóndigas**.

El día de la semana favorito de Linda es **sábado**.

A Chantal le fascinan las películas de **aventuras**.

A Esteban le gusta ir de compras con su **padrino**.

Michael quisiera ir al **mar** con su familia.

Kimberly va al **cine** con sus amistades.

abril

Primavera

Las **margaritas** salen en la primavera.

Ayer vi un **grillo** en el jardín.

Los **naranjos** crecieron muy altos.

En la primavera se ven muchas **mariposas**.

Plantas

Podemos comer las **frutas** de algunas plantas.

Las raíces, semillas y frutas de algunas plantas son **buenas**.

Algunas veces los **animales** ayudan al crecimiento de las plantas.

Algunas plantas son **medicinales**.

mayo

La avestruz corre muy **deprisa**.

Nuestra clase fue de excursión al **acuario**.

En el zoológico los **chimpancés** comían fruta.

Antonia y Alicia vieron un gran **elefante**.

El Cinco de Mayo nuestra clase presentó un **baile** para el festival.

El 10 de Mayo yo le voy a dar a mi mamá un **sombrero**.

A los niños les gusta **mojarse** durante el verano.

Mi hermano y yo visitamos a mi **primo** en el verano.

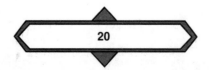

Adivina la Palabra Cubierta

SEGUNDO AÑO

Los siguientes son otros ejemplos de algunas lecciones para la Actividad de "Adivina La Palabra Cubierta."

agosto/septiembre

Así somos

A Juan le gusta **escribir**.

En la escuela podemos **aprender**.

A Linda le encanta el juego de **pelota**.

Carlos juega con su **mascota**.

Brenda **charla*** con su abuelita.

Las mascotas

Chantal quiere mucho a su **abuelito**.

Roberto quisiera tener un **pez**.

La mascota de nuestro equipo es un **leopardo**.

Fabían quiere a su **serpiente** nueva.

Tavo quisiera tener un animal **pequeño**.

Nuestra clase

Hay muchos **dibujos** en la pared.

Cindy le **presta** un lápiz a Samuel.

La **carpeta** de Marissa es nueva.

Las **mochilas** están guardadas.

La **maestra** trabaja en la mesa.

El patio de recreo

Los niños están **contentos**.

A ellos les gusta **bromar** en recreo.

Elder y José **corretean** con sus amigos nuevos.

 CD-104013 © Carson-Dellosa

octubre

Tiempo de otoño

Las hojas del árbol se **decoloran**.

Los días se hacen **frescos**.

Ellos van a una **fiesta**.

Las noches son **largas**.

Ellas se visten con **disfraces** diferentes.

Comidas favoritas

A Miguel le gusta comer tacos de **carne**.

Para la merienda, Cielo come **palomitas**.

La comida favorita de Abigail es **pollo**.

A la maestra le gusta comer **pastel** de vainilla.

Mirna come **chile***.

Los disfraces

Los dulces eran de **diferentes** sabores.

El disfraz de **princesa** era el mejor.

El más espantoso de los disfraces fue el **dragón**.

Los niños iban en una **bicicleta**.

En la fiesta alguien traía una **máscara** negra.

noviembre

Cosas de noviembre

Durante el mes de noviembre Brian mira los juegos de **fútbol**.

Roberto empieza a usar su **chamarra***.

En la clase aprendemos de los **animales**.

¿Quién va a cocinar para la **cena**?

Mi mamá hornea un pastel de **calabaza**.

Matemáticas

Con las matemáticas aprendemos las **formas**.

A veces los problemas son **difíciles**.

La baraja nos ayuda aprender a **sumar**.

Seguido hacemos **gráficas**.

Las cartas nos ayudan con los **números**.

Los peregrinos

Los peregrinos llegaron **cansados** a América.

Fue un viaje largo y **difícil** por el océano.

Los peregrinos **sembraron** su propia comida.

Los indígenas les ayudaron a **plantar**.

Todos venían **amontonados** en los barcos.

diciembre

Días festivos

Mi día de fiesta preferido es la **Navidad**.

Hanukah es otro día de fiesta en diciembre.

Los niños reciben **regalos** en el mes de diciembre.

Los días de fiesta son **especiales** para la familia.

Los regalos

Denise desea una **muñeca** nueva.

A Saul le hacen falta **patines** nuevos.

Le voy a regalar unos guantes **calentitos** a mi mamá.

Papá quiere una **pala** para quitar la nieve.

Vamos a comer **tamales***.

Los postres

Los postres que hace abuela son **riquícimos**.

Las galletitas de **nuez** le encantan a María.

La mamá de Cindy hizo galletitas de **canela**.

En estos días **navideños** nos visita mi abuelo.

Mi tía toma **leche** cuando come galletas.

enero

La nieve

Cuando **nieva** es difícil para conducir el camión.

Las noticias avisan de la **temperatura**.

Queremos saber si va a nevar **mañana**.

En el invierno seguido **esquiamos** en la nieve.

Antes de la tormenta compramos **velas**.

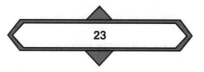

23

CD-104013 © Carson-Dellosa

Invernación

Los animales **invernan** durante el invierno.

Las aves volarán hacia el **calor**.

Muchos animales están debajo de la **tierra**.

Afuera todo se ve **seco**.

Los animales **escarban** para buscar comida.

El Dr. Martín Luther King Jr.

El Dr. Martín Luther King Jr. fue un gran **lider**.

El buscaba **libertad**.

El siempre **luchaba** por la igualdad.

El Dr. Martín Luther King Jr. fue un buen **estudiante**.

Nosotros aprendimos de la **valentía** de él.

febrero

Día de San Valentín

Los niños reparten **dulces** el día de San Valentín.

A José le encantan los **chocolates**.

Unos pastelitos tienen **corazones** encima.

Cielo recibe **tarjetitias** de sus amistades.

Leemos **poesías** de San Valentín.

Los presidentes

Los recordamos en este día porque fueron nuestros **lideres**.

Los presidentes son **elejidos** por la gente.

Dicen que Abraham Lincoln fue una persona muy **honesta**.

Washington fue el **primer** presidente de los Estados Unidos.

marzo

La primavera **llega** en marzo. Los **vientos** empiezan. A veces tengo que usar **suéter** para jugar afuera. Puedo pasearme en la **bicicleta**. Podemos hacer **volar** los papalotes en el cielo. El viento vuela nuestra **ropa**. Me gusta **quedarme** afuera.

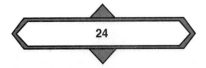

La primavera

Cuando vemos subir el papalote nos **alegramos**.

El duende es muy pequeño y **travieso**.

Vamos a ponerle **trampa** al duende.

El papalote se movía con la **briza**.

abril

En el parque

Este mes empezamos a practicar **deportes**.

Mario corrió muy recio y se **golpió**.

Yo compré **churros** para comer en el juego.

Erik llevó su **patín** al parque.

Se escuchaba **ruido** en el juego.

El mes de abril

En abril nos **divertimos** mucho en el patio. Hay **resbaladeros** en el patio de recreo. Mateo juega con sus **amistades**. Todos los niños **llegaron** para vernos jugar. Cuando nos vieron, todos **gritaron**. ¡Nosotros también queremos **divertirnos**!

mayo

El mes de mayo

Nosotros sembramos **flores** en el jardín. Sembramos flores de colores **brillantes** para el verano. También plantamos **verduras** en el jardín. Mis preferidos son los chiles y las **lechugas**. Nosotros regamos el jardín para que todo **retoñe**.

El verano

En el tiempo de verano nos gusta ir de **vacación**. Mi familia y yo vamos de **visita**. Me gustaría que viajaramos en **automóvil**. Cuando vayamos de camino voy a buscar **recuerdos**. También habrá tiempo de escribir en mi **diario**. ¿A dónde irás tú?

Lazando las Rimas

De las lecciones de una Lectura Dirigida o de una lectura en voz alta de un libro que contiene muchas palabras que riman, se puede preparar una lección de "Lazando las Rimas" siendo una actividad del Componente de Palabras. Para proceder con la lección:

El libro que se leyó durante la Lectura Dirigida o en voz alta se usará para la lección.

Los seis deseos de la jirafa por Alma Flor Ada (Hampton-Brown Books, 1988)

Primero: Por adelantado, la maestra selecciona de dos a tres páginas del libro que contienen palabras que riman y que tienen patrones escritos iguales.

Segundo: Los niños identifican las palabras que riman después de la segunda lectura y la maestra escribe las palabras en unas tarjetas y se van acomodando las tarjetas en el cartelón.

quería	pez	jugar	delante	chango	ave	lodo
tenía	vez	dar	elefante	mango	cabe	modo
	es	usar				
		regresar				

Se aclara que no todas las palabras que riman tienen el mismo patrón escrito. Los niños leen las palabras en el cartelón y luego se les pide que subrayen los patrones que son iguales. Se eliminan las palabras con patrones que no son iguales.

es, vez, pez   ave, cabe

Tercero: Por último está la Transferencia. (La maestra escribe una palabra nueva.) Durante esta etapa de la lección, que es de mucha importancia ya que es la parte de la lección en la cual los niños aprenden que de una palabra se puede deletrear otra o leer una palabra nueva.

Por ejemplo: **elegante**

Se la enseña a los niños. Ellos eligen a cual patrón corresponde esta palabra.

(el patrón ante de las palabras, **delante** y **elefante**)

La maestra continua escribiendo palabras nuevas que corresponden a los otros patrones.

Según las autoras Patricia Cunningham y Dottie Hall, es muy probable que por medio de la búsqueda de palabras que riman en un texto, ellos aplicarán esta estrategia para descifrar una palabra nueva y desconocida de un texto nuevo.

Los siguientes son otros ejemplos de algunas lecciones para la Actividad de "Lazando las Rimas."

Trabajando con palabras en español

Lazando las Rimas

La florería del abuelo por Yanitzia Canetti (Houghton Mifflin, 1997)

alegremente	flores	chiquitas	buscar	cariñoso	Consuelo
Clemente	colores	margaritas	cortar	amoroso	abuelo

Transferencia

alegremente	flores	chiquitas	buscar	cariñoso	Consuelo
Clemente	colores	margaritas	cortar	amoroso	abuelo
suavemente	**dolores**	**poquitas**	**tratar**	**brilloso**	**pañuelo**

Tres deseos para beto por Andrew Clements (Houghton Mifflin, 1997)

pececito	emocionado	estudioso	amor	crecía	miraban
bebito	afortunado	perezoso	nadador	alegría	pensaban
			vapor	descubriría	

Transferencia

pececito	emocionado	estudioso	amor	crecía	miraban
bebito	afortunado	perezoso	nadador	alegría	pensaban
besito	**cansado**	**orgulloso**	vapor	descubriría	**hablaban**
			tambor	**volvería**	

Los seis deseos de la jirafa por Alma Flor Ada (Hampton-Brown Books, 1988)

quería	pez	jugar	delante	chango	lodo
tenía	vez	dar	elefante	mango	modo
		usar			
		regresar			

Transferencia

quería	pez	jugar	delante	chango	lodo
tenía	vez	dar	elefante	mango	modo
todavía	**Valdez**	usar	**estante**	**fandango**	**todo**
		regresa			
		caminar			

Pan, pan, gran pan por Ina Cumpiano (*Rimas y risas*, Hampton-Brown Books, 1990)

abuelita	hacer	pasa	pan	calle	Mela
Julita	cocer	masa	comerán	Talle	escuela
		casa	Julián		

Transferencia

abuelita	hacer	pasa	pan	calle	Mela
Julita	cocer	masa	comerán	Talle	escuela
bonita	**amanecer**	casa	Julián	**detalle**	**muela**
		amasa	**están**		

El piojo y la pulga por Jose-Luis Orzco (*Insectos y otros amiquitos*, Houghton Mifflin, 1997)

Aztlán	mole	tenemos	vecino	cocina	emoción	orquesta
pan	atole	encontraremos	padrino	madrina	canción	fiesta
			tino			

Transferencia

Aztlán	mole	tenemos	vecino	cocina	emoción	orquesta
pan	atole	econtraremos	padrino	madrina	canción	fiesta
están	**Chole**	**comemos**	tino	**termina**	**estación**	**molesta**
			comino			

Formando las Palabras

Las lecciones de formando las palabras, como las lecciones de Cunningham y Hall, son de participación activa. Los niños manipulan las letras y las acomodan para buscar patrones escritos y para cambiar una letra y otra para forma palabras nuevas con las mismas letras. Una lección de "Formando las Palabras" se puede tomar dos días. El primer día se forman las palabras y el segundo día se termina con la separación de patrones y con la transferencia.

La preparación:

Por adelantado, la maestra selecciona una palabra secreta. Esta palabra puede tener conexión al plan de estudio o al currículo indicado. Con las letras de la palabra secreta se va a determinar cual será el enfoque de la lección, ya sea el patrón inicial, intermedio o final.

La maestra escribe por lo menos diez palabras que se puedan formar con las letras. Se escriben palabras cortas de dos letras y palabras largas de hasta siete u ocho letras. Se escojen palabras que se enfoquen al patrón indicado para la lección. Incluso, se seleccionan palabras que comparten las mismas letras (pato/tapo). También se incluyen algunos nombres propios para enseñar el uso de las letras mayúsculas. Se eligen también algunas de las palabras de la lista de las Palabras de Uso de Mayor Frecuencia.

Para archivo las palabras se escriben en tarjetas. Se escriben las vocales con un marcador rojo y las consonantes con un marcador negro.

La lección:

- En el cartelón, se exhiben las letras de la palabra secreta escritas suficiente grandes para que los niños puedan verlas.

  a a i i f m l s

- A los niños se les proporcionan las mismas letras que deletrean la palabra secreta. (Las tarjetitas estudiantiles tienen la letra minúscula a un lado y la mayúscula al otro.)

  a a i i f m l s

- Juntos con la maestra, repasan los nombres de las letras para asegurarse que todos los alumnos tienen las letras correctas.

- La lección comienza con palabras de dos letras. A los niños se les pide que formen la palabra "al.'

- Ellos la forman, y un niño/a pasa al cartelón a formar la misma palabra con las letras de la maestra. Después, la maestra pone la tarjeta con la palabra escrita en el cartelón y se van acumulando todas las palabras.

- Así procede hasta que se hayan formado todas las palabras elegidas para esta lección. (si, ala, ama, mal, sal, las, mala, fama, lama, sala, isla, flama, falsa). Las palabras sal, mala y lama son palabras mágicas, porque con mover las mismas letras de un espacio a otro, se forma una y otra.

- Finalmente, se descubre la palabra secreta.

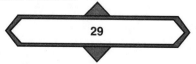

- Continua con la parte de la lección de mayor importancia, la separación de patrones y la transferencia. (Durante este tiempo, ellos ya no tienen las letras en mano).

- Los niños leen todas las palabras que se formaron. Ellos van a juntar las palabras que tienen patrones parecidos. (ala/sala/mala, ama/fama/lama, al/sal). Las otras palabras se quitan del cartelón.

- Para la transferencia, la maestra les demuestra otras palabras que se escriben con el mismo patrón y ellos deciden a cual patrón pertenece cada una de las palabras. (pala, cama, comal)

Si una palabra lleva acento escrito, se puede usar un trocito de cera, que se pega sobre la letra. Este mismo trocito se puede usar durante toda la lección.

Es muy importante que la maestra use cada palabra en una oración oral.

Es muy importante que la lección avance sin mucho tiempo de espero. Con la tarjeta de la palabra escrita, todos se aseguran que hayan formado correctamente la palabra y luego avanza la lección. También es muy importante que los niños repitan la palabra que están formando.

Puede ser que esta lección de Formando las Palabras sea dificil para la mayoría de los niños. Este tipo de lección resulta ser multi-nivelada. Al principio, se forman palabras sencillas y como avanza la lección, las palabras son más avanzadas. Así que todos los niños tienen la oportunidad de realizar su capacidad.

Formando las Palabras
Primer Año
agosto y septiembre

a a i i f m l s

Las Palabras Son:

a	al	ala	fama	falsa
	si	ama	lama	limas
		mal	sala	
		sal	isla	
		las	lisa	

Palabra Secreta:

familias

Separar:

m-, -ala, -ama, -al

Transferencia:

pala, cama, comal*

Las Palabras Son:

a	mi	amo	siga	migas
		mío	miga	sigas
		mía	goma	
		nis		
		ás		

Secreta:

familias

Separar:

g-, m-, -as, -iga

Transferencia:

estas, castiga

Las Palabras Son:

el	ola	sola	bolsa	labores
la	eso	roba	besar	árboles
lo	esa	sale	sabor	
	los	bola	solar	
	sol	loba	sobar	
		soba		

Palabra Secreta:

árboles

Separar:

b-, s-, -oba, -ola, -ar

Transferencia:

escoba, hola, amar

Las Palabras Son:

se	mes	tres	astro	metros
es	tos	mesa	estar	
te	eso	ramo	metro	
	amo	rato	tramo	
		meta		

Palabra Secreta:

maestros

Separar:

m-, -es, -tro, -amo

Transferencia:

colores, otro, llamo

Formando las Palabras
Primer Año
octubre

i a e d s s f r c

Las Palabras Son:

fe	día	risa	fresa	fresca
se	esa	casi	frase	
ir	sed	dice	sería	
	red	cría	decía	
	dar	fría		
	irá			

Palabra Secreta:

disfraces

Separar:

fr-, -ía, -ed, -esa

Transferencia:

había, pared, mesa

a i o c m b s

Las Palabras Son:

mi	mío	caso	masco	íbamos
si	mía	cosa	mosca	básico
	osa	saco	ambos	
	iba	casi		
		boca		
		asco		

Palabra Secreta:

cambios

Separar:

c-, -osa, -asco

Transferencia:

famosa, casco

Las Palabras Son:

de	ser	gano	sonar	sangre
da	das	sano	donar	grande
no	dar	soda	ronda	
	son	Rosa	grano	
	nos			

Palabra Secreta:

dragones

Separar:

d-, s-, -ar, -ano

Transferencia:

tomar, enano

Las Palabras Son:

se	san	esto	santo	siento
ni	tan	saco	nació	tacones
ti	nos	taco	tacón	
	tía	toca	cesto	
		nota	están	

Palabra Secreta:

estación

Separar:

t-, -aco, -esto, -an

Transferencia:

flaco, presto, plan

Formando las Palabras
Primer Año
noviembre

a e e p s s t l

Las Palabras Son:

te	sea	sale	salte	Estela
se	lea	tela	estas	
la	ese	pase	pelea	
al	tal	pesa		
	sal	pela		
	las			

Palabra Secreta:

pasteles

Separar:

p-, -ela, -al

Transferencia:

viruela, dedal

Las Palabras Son:

mi	mía	comí	masco	comías
si	día	coma	comía	
di	das	misa	disco	
da	más	soda	midas	
	oda	mida		
		moda		

Palabra Secreta:

comidas

Separar:

-oda, -as, -ía

Transferencia:

cómoda, damas, sabía

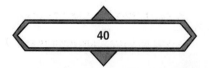

a a e t m l s

Las Palabras Son:

es	ala	alta	salta	Estala
te	mal	tema	salte	amaste
la	mes	lata		maleta
me		mata		
		mala		
		sala		

Palabra Secreta:

tamales*

Separar:

-ata, -ala, -alta

Transferencia:

trata, jala, falta

Trabajando con palabras en español
CD-104013 © Carson-Dellosa

e e i o p r r g n s

Las Palabras Son:

ir	nos	pero	perro	respiro
no	son	gris	enero	espero
	reí	giro		
	eso	peso		
		reir		

Palabra Secreta:

peregrinos

Separar:

pe-, -iro, -ero, -eso

Transferencia:

vampiro, primero, beso

Formando las Palabras
Primer Año
diciembre

e a o r g l s

Las Palabras Son:

se	los	lago	regla	largos
al	sol	soga	salgo	
	sal	real	rosal	
	las	leas	legal	
	gas	algo		

Palabra Secreta:

regalos

Separar:

-al, -as, -algo

Transferencia:

nogal, damas, Hidalgo

Las Palabras Son:

le	más	coma	barco	leemos
me	sol	loma	bolsa	bolera
se	lee	Roma	broma	
	ser	arco	broca	
		roca	Marco	
		boca		
		loca		

Palabra Secreta:

celebramos

Separar:

br-, -oca, -oma, -arco

Transferencia:

choca, aroma, charco

Las Palabras Son:

ir	tío	allí	llora	trasto
si	tía	olla	tallo	orilla
	tos	rato	rallo	
		otra	silla	
			torta	
			trato	

Palabra Secreta:

tortillas

Separar:

tr-, -ato, -allo, -illa

Transferencia:

barato, hallo, rodilla

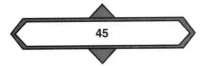

Trabajando con palabras en español

Formando las Palabras
Primer Año
enero

o o a e c c l t s h

Las Palabras Son:

la	tal	chal	chato	choclo*
te	eco	alto	Chole	chaleco
	ole	seco	atole*	
		sola	talco	
			salto	

Palabra Secreta:

chocolates

Separar:

ch_, alto, ole, eco

Transferencia:

falto, mole, fleco

CD-104013 © Carson-Dellosa

Las Palabras Son:

no	son	maña	santo	tamaño
	nos	mano	asoma	
	tan	sano		
	año	toma		
	osa	Toña		
		daño		
		doña*		

Palabra Secreta:

montañas

Separar:

año, oma, ano

Transferencia:

engaño, loma, hermano

Trabajando con palabras en español

o o e a i c c m n r r

Las Palabras Son:

no	amo	nací	corre	marrón
mi	mío	mano	carro	camino
ni	con	como	cerro	comino
		comí		camión
		cono		
		mono		

Palabra Secreta:

correcamino*

Separar:

-rr-, -ino, -ono

Transferencia:

molino, trono

Las Palabras Son:

es	sal	plan	plata	pastel
te	tan	lata	salta	saltan
	Ana	pata	antes	asalta
	pan	pena		
	ten	sana		
		lana		

Palabra Secreta:

planetas

Separar:

pl-, -ata, -ana, -an

Transferencia:

arrebata, manzana, cantan

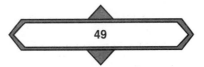

o o e i s s s b r t

Las Palabras Son:

te	oso	seis	osito	estiro
ti	rié	ríes	serio	besito
	aro	seco	troso	estorbo
		esto	resto	
		trío		
		toso		

Palabra Secreta:

sobresitos

Separar:

tr-, -ito, -oso, -esto

Transferencia:

gatito, doloroso, acuesto

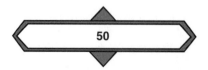

Las Palabras Son:

mi	ame	dama	diste	asiste
si	sed	tema	mitad	estima
te	Ema	dime		sistema
me	mis	mide		
		dame		

Palabra Secreta:

amistades

Separar:

ema, iste, ame

Transferencia:

crema, triste, enséñame

Trabajando con palabras en español

Las Palabras Son:

no	nos	caro	razón	corona
	son	coro	rasco	
	con	cera		
	oro	caso		
	aro	zona		

Palabra Secreto:

corazones

Separar:

-aro, -oro, -ona

Transferencia:

declaro, lloro, pelona

Las Palabras Son:

es	dar	pesa	amado	detrás
de	esa	pera	preso	morado
	era	soda	prado	parado
			presa	madera
			promesa	

Palabra Secreta:

temporadas

Separar:

pr-, -ado, -era, -esa

Transferencia:

mercado, flojera, pobresa

a a o e p p l t s

Las Palabras Son:

el	las	sapo	plato	palote
la	sal	sopa	sopla	pelota
	sol	lote		estopa
	los	topa		
		tapo		

Palabra Secreta:

papalotes

Separar:

-opa, -ote, -apo

Transferencia:

ropa, ejote, trapo

Las Palabras Son:

me	era	vera	prima	primer
mi	ver	mira	rimar	vampira
	rei	rapa	rapar	primera
		mapa		
		pera		
		amar		

Palabra Secreta:

primavera

Separar:

-era, -apa, -ar

Transferencia:

frontera, atrapa, andar

i u o e t b r n s

Las Palabras Son:

si	rió	tren	serio	bueno
ir	uno	tres	subió	trueno
		bien	rubio	sueño
		unos	subir	sentir

Palabra Secreta:

tiburones

Separar:

tr-, -io, -ir, -eno

Transferencia:

cambio, añadir, lleno

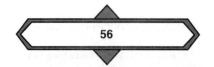

Las Palabras Son:

da	dar	peor	lavar	polvera
di	red	lado	valor	
	por	seda	volar	
	par		solar	
			vapor	
			prado	

Palabra Secreta:

polvaredas

Separar:

-ar, -or, -ado

Transferencia:

cocinar, dolor, privado

Formando las Palabras
Primer Año
abril

a a i o m r p s s

Las Palabras Son:

ir	mar	apio	rompa	aspira
si	osa	pisa	prisa	amparo
	pío	misa	raspa	rasposa
		risa	armas	
		sosa		
		Irma		

Palabra Secreta:

mariposas

Separar:

-isa, -osa, -ira

Transferencia:

brisa, esposa, respira

Las Palabras Son:

se	nos	amor	menta	enorme
te	ten	tome	renta	tomates
me		mato	trato	entramos
		rato	asome	
		sano		

Palabra Secreta:

tormentas

Separar:

-ome, -ato, -enta

Transferencia:

come, plato, cuenta

Las Palabras Son:

ti	con	noto	tosió	escojo
no	eco	cojo	cisne	
en	ojo	seco	enojo	
		José	necio	
			cinto	

Palabra Secreta:

conejitos

Separar:

-ojo, -eco

Transferencia:

flojo, chaleco*

Trabajando con palabras en español

a a o e c c s s r n

Las Palabras Son:

ara	saco	rasco	rascan	sacaron
son	cara	casco		casaron
nos	Sara	sacar		
	asco	carne		

Palabra Secreta:

cascarones

Separar:

-aron, -ara, -asco

Transferencia:

compraron, repare, atasco

Formando las Palabras
Primer Año
mayo

o a i c m p r r t

Las Palabras Son:

ir	por	Rita	parto	compra
mi	amo	cita	tropa	cortar
	mar	pita	tomar	trompa
		ropa	prima	
		copa		
		topa		
		rima		
		cima		

Palabra Secreta:

compartir

Separar:

-ima, -opa, -ita

Transferencia:

encima, galopa, grita

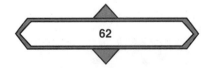

o i e l m b r c s

Las Palabras Son:

mi	les	miel	moler	siembro
si	reí	creo	cielo	
oí	leí	riel	libro	
		creí	recio	
		mole*		

Palabra Secreta:

lombrices

Separar:

-iel, -bro, -eí

Transferencia:

piel, miembro, sonreí

Trabajando con palabras en español

CD-104013 © Carson-Dellosa

Las Palabras Son:

feo	flor	color	cerdo	flores
leo	frío	dolor	rodeo	fresco
red	olor	decir	fleco	
sed		recio		

Palabra Secreta:

florecidos

Separar:

fl-, fr-, -lor, -eo

Tranferencia:

temblor, coloreo

CD-104013 © Carson-Dellosa

a a e i m d r c t s

Las Palabras Son:

te	sea	arde	medir	madera
de	era	cita	madre	cadera
		Rita	tarde	mesita
		dame		Marisa

Palabra Secreta:

madrecitas

Separar:

-ita, -era, -arde

Transferencia:

chiquita, pradera, guarde

Formando las Palabras
Segundo Año
agosto

a a i o e v c c n s

Las Palabras Son:

es	vas	saca	novia	acción
se	van	casa	nació	casino
	sin	sano	vació	vecin
		vaca	cocinas	
		casi		
		vino		

Palabra Secreta:

vacaciones

Separar:

-ino, -aca, -ció

Transferencia:

camino, estaca, amaneció

CD-104013 © Carson-Dellosa

e e i r p t l s

Las Palabras Son:

el	iré	tiré	peles	reiste
le	ríe	tres	sepia	estiré
si	les	riel		preste
ti		piel		
		este		

Palabra Secreta:

reptiles

Separar:

-iré, -este, -iel

Transferencia:

respiré, cueste, miel

Trabajando con palabras en español

CD-104013 © Carson-Dellosa

e e o d r p t s

Las Palabras Son:

es	eso	pero	porte	espero
se	por	tope	resto	presto
	dos	esto	poder	preste
	sed	sope*		

Palabra Secreta:

deportes

Separar:

pr-, -ope, -esto, -ero

Transferencia:

galope, tercero, compuesto

Trabajando con palabras en español

e e a i o s s t c n

Las Palabras Son:

si	sin	cine	oíste	ciento
ti	son	casi	nació	caíste
oí	cae	taco	tacón	nación
		saco		naciste
				estación

Palabra Secreta:

estaciones

Separar:

-iste, -aco, -ción

Transferencia:

partiste, flaco, acción

Las Palabras Son:

le	mal	real	minas	saliera
el	era	miel	limas	
	sea	sale	rimas	
	lea	imán	reina	
			menea	

Palabra Secreta:

minerales

Separar:

-imas, -ea, -era

Transferencia:

lástimas, pelea, tijera

Las Palabras Son:

al	mil	alas	frías	similar
la	sal	rías	salsa	malaria
	las	risa	salas	
	mis	Lisa	malas	
		misa	falsa	
		mías		

Palabra Secreta:

familiares

Separar:

-alas, -ías, -isa

Transferencia:

resbalas, hacías, prisa

a o e p t r n s

Las Palabras Son:

en	eso	eran	ratón	portan
es	pan	ropa	tropa	ratones
	son	sopa	trapo	
		sapo	parte	
		tapo		

Palabra Secreta:

patrones

Separar:

-opa, -arte, -apo

Transferencia:

copa, comparte, guapo

Formando las Palabras
Segundo Año
octubre

a a a u e n t r l z

Las Palabras Son:

en	tan	azul	renta	anular
un	ten	lana	nuera	lanzar
	era	mata	untar	
	luz	rata	lunar	
		lata		

Palabra Secreta:

naturaleza

Separar:

-ata, -era, -ar

Transferencia:

plata, afuera, brincar

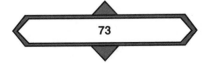

e e a a u t t m p r r

Las Palabras Son:

me	era	trae	trama	muerta
tu	ama	tema	trepa	puerta
	ara	puma		trampa
		rama		trepara
		para		

Palabra Secreta:

temperatura

Separar:

-ama, -ara, -uerta

Transferencia:

escama, echara, huerta

Las Palabras Son:

mi	mío	cero	cargo	regalo
	ríe	lago	largo	milagro
		sale	riego	
		lase	ciego	
		malo	luego	
			ruego	

Palabra Secreta:

murciélagos

Separar:

-ego, -argo, -alo

Transferencia:

fuego, encargo, halo

Las Palabras Son:

si	ves	vale	salva	Estela
la	ave	sale	siete	
	Eva	tela	selva	
		vela	Silva	
		fila		

Palabra Secreta:

festivales

Separar:

-lva, -ela, -ale

Transferencia:

selva, canela, resbal

Formando las Palabras
Segundo Año
noviembre

i i o o a u d n r s s

Las Palabras Son:

di	ido	duro	surdo	sonido
no	río	onda	ruido	sonrío
oí	una	nudo	ronda	
		ando		
		nido		
		rudo		
		sudo		

Palabra Secreta:

dinosaurios

Separar:

-onda, -udo, -ido

Transferencia:

esconda, saludo, cuido

77

e e i o p r r s g n

Las Palabras Son:

ir	nos	sino	peino	espero
no	sin	pino	perro	
si	por	pero	opine	
		negó		
		regó		
		pegó		

Palabra Secreta:

peregrinos

Separar:

-ero, -egó, -ino

Transferencia:

ropero, llegó, sobrino

Las Palabras Son:

ha	tía	oías	sitio	ristra
ir	has	rato	ostra	asistir
	ato	otra		
	oír	trio		
		risa		

Palabra Secreta:

historias

Separar:

-tra, -ato, -ir

Transferencia:

maestra, plato, morir

o o a a u c m p t d r s

Las Palabras Son:

tu	ama	cosa	mosca	morado
su	por	pato	morsa	trompa
		soda	drama	parado
		arca	trapo	trauma
		rama	marca	comprado
		cama	prado	

Palabra Secreta:

computadoras (computers)

Separar:

tr-, -ama, -arca, -ado

Transferencia:

brama, charca, cerrado

Formando las Palabras
Segundo Año
diciembre

i i e a o n t r m b s c

Las Palabras Son:

mi	más	arco	broca	centro
ni	mes	caro	marco	noticia
ti	sin	rico	barco	ensarto
	mar	boca	ambos	
		roca	entro	

Palabra Secreta:

intercambios

Separar:

-oca, -arco, -entro

Transferencia:

coloca, charco, adentro

Las Palabras Son:

el	leo	león	cebra	brinco
le	era	roba	balón	balcón
		loba	cobra	celebra
		obra	libro	
		cero	labio	
		león	libra	

Palabra Secreta:

celebración

Separar:

-oba, -bra, -ón

Transferencia:

escoba, quebra, sillón

Las Palabras Son:

ir	par	rima	tripa	trompo
si	oro	mira	prima	primos
	toro	tropa	tiramos	
	coro	trapo	comimos	
	copa	contra	portamos	
	poca	ramos	partimos	

Palabra Secreta:

compartimos

Separar:

-oro, -imos, -amos

Transferencia:

loro, hicimos, platicamos

Formando las Palabras
Segundo Año
enero

e e i o d s s r t

Las Palabras Son:

oí	ser	esto	oíste	reiste
	dos	tres	oeste	
	iré	diré	diste	
	reí	tiré	siete	
		este	resto	

Palabra Secreta:

desiertos

Separar:

esto, iste, iré

Transferencia:

honesto, hiciste, respiré

CD-104013 © Carson-Dellosa

i i e a o n n n v r c

Las Palabras Son:

ni	ver	cero	carne	rincón
ven	reno	nació	nervio
	cine	vació	verano
	vine	enano	inverna
	cano		invierno

Palabra Secreta:

invernación

Separar:

-ció, -ine, -ano

Transferencia:

apareció, camine, humano

e e i a s s t t l l r

Las Palabras Son:

ese	tira	Elisa	reiste	estrella
esa	ella	traes	estira	estirarse
	allí	salir	sellar	
	Lisa	silla		
	risa	seria		
	leía			

Palabra Secreta:

estrellitas

Separar:

-ira, -lla, -isa

Transferencia:

mentira, astilla, brisa

CD-104013 © Carson-Dellosa

Las Palabras Son:

no	ten	cero	toreo	tercio
	tío	toco	norte	cierto
		cono	corte	
		tono	necio	
		ríen	entro	
		reto	nieto	
		Neto	trono	

Palabra Secreta:

noticiero

Separar:

orte, eto, ono

Transferencia:

transporte, completo, abono

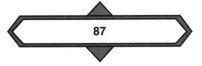

e e e i p r s s d n t

Las Palabras Son:

den	pies	serie	prende	entendí
sin	seis	entre	prendí	presente
		rinde	tienes	
			diente	
			siente	
			tiende	

Palabra Secreta:

presidentes

Separar:

pre-, -ente, -ende, -endí

Transferencia:

sonriente, comprende, aprendí

Las Palabras Son:

más	paño	sueña	muñeca	peñasco
año	leña	sueño	cumple	
	seña	mosca		
	loma	plano		
	puño	cuela		
		muela		
		suela		

Palabra Secreta:

cumpleaños

Separar:

año, uela, eña

Transferencia:

tamaño, escuela, enseña

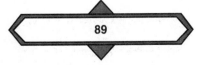

o o a e c c h l t s

Las Palabras Son:

he	has	echa	clase	colcha
ha	eso	ocho	Chelo	coleta
	cal	sola	salte	
		loco	salto	
		toco	talco	
		hola	choco	
		alto	Chato	

Palabra Secreta:

chocolates

Separar:

ch-, h-, -alto, -oco

Transferencia:

falto, tampoco

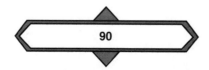

a a e i o c l n d r

Las Palabras Son:

dar	nido	ladra	cadena	canario
río	loca	caldo	Lorena	
día	nado	nadar		
	dice	andar		
	cena	calor		
		colar		
		radio		

Palabra Secreta:

calendario

Separar:

-ena, -ar, -io

Transferencia:

escena, caminar, horario

Formando las Palabras
Segundo Año
marzo

a i e o j r r d n s

Las Palabras Son:

son	roja	enoja	jardín	jardines
sin	deja	sonar	darnos	
dio	reja	ronda	sonríe	
	dijo	oreja	sierra	
	onda			

Palabra Secreta:

jardineros

Separar:

-oja, -eja, -onda

Transferencia:

floja, abeja, redonda

a a a i m r r g t s

Las Palabras Son:

si	mar	rata	grita	garras
ti	asa	mata	Marta	amarras
	más	gasa	grasa	amargar
		masa		agarras

Palabra Secreta:

margaritas

Separar:

-ata, -rr-, -asa

Transferencia:

plata, tierra, abrasa

Las Palabras Son:

tío	tres	resto	sorteo	retoños
eso	toro	tríos	retoño	
oro	esto	toreo	tesoro	
tos	soñé		Toñito	
	Toño			

Palabra Secreta:

retoñitos

Separar:

-oro, -eo, -oño

Transferencia:

lloro, rodeo, otoño

Las Palabras Son:

así	fría	rifas	abrigo	abrigos
río	soga	gafas	fisgar	
	fría	grasa		
	giro	abría		
	sigo	sabía		

Palabra Secreta:

biografías

Separar:

-igo, -ía, -fas

Transferencia:

conmigo, tenía, estufas

e i i o a b b s s l t

Las Palabras Son:

les	bate	baile	estilo	establo
iba	lote	bailo	labios	béisbol
	bote	bolsa	listos	
	loba	silba	sabios	
	soba			

Palabra Secreta:

beisbolistas

Separar:

-ote, -bios, -oba

Transferencia:

elote, cambios, escoba

o i a s s m b r l l

Las Palabras Son:

oí	más	allí	moras	lloras
	mar	ramo	silla	brilla
	mil	miro	milla	sombra
			loras	
			libra	
			sobra	
			broma	

Palabra Secreta:

sombrillas

Separar:

-illa, -oras, -bra

Transferencia:

orilla, señoras, hembra

Las Palabras Son:

esa	esto	pista	triste	depositar
por	tope	prisa	traste	
	arte	diste	presto	
	peor	astro	apesto	
		parte	postre	
		darte		

Palabra Secreta:

deportistas

Separar:

-ste, -arte, -esto

Transferencia:

fuiste, comparte, compuesto

Las Palabras Son:

amo	amor	silla	varios	amarilla
oso	isla	villa	masivo	
	allí	ramas	llamas	
	allá	almas	orilla	
	amas	llora		
	ramo	llamo		
		milla		

Palabra Secreta:

maravilloso

Separar:

ll-, -amas, -amo, -illa

Transferencia:

escamas, exclamo, sobrilla

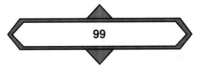

Formando las Palabras
Segundo Año
mayo

a a i i i o e c c c l f n s

Las Palabras Son:

leo	fila	fleco	calcio	facción
feo	seco	finca	acción	sección
eco	liso	falso		califica
	flaco			
	cinco			

Palabra Secreta:

calificaciones

Separar:

-ción, -eco, -eo

Transferencia:

lección, hueco, empleo

Trabajando con palabras en español   CD-104013 © Carson-Dellosa

Las Palabras Son:

da	dan	ande	decía	depende
en	den	cien	peine	enciende
	dice	encía		
	nace	nacen		
	pena			
	cena			

Palabra Secreta:

independencia

Separar:

-ende, -ena, -cía

Transferencia:

comprende, escena, alcancía

CD-104013 © Carson-Dellosa

e e u i o x c c r n s

Las Palabras Son:

son	creo	recio	exceso	sección
eso	eres	necio	recien	
	seco	crece	circos	
		cuero		
		suero		
		nuero		

Palabra Secreta:

excursiones

Separar:

-ecio, -uero, -eso

Transferencia:

aprecio, muero, grueso

CD-104013 © Carson-Dellosa

i u a o e l s s t r r d

Las Palabras Son:

ir	arde	ladró	surtir	lustrar
oír	reir	ruido	ruidos	estirar
sol	tres	tarde	rueda	ilustrar
dar	duro	latir		
red	ratos			
	datos			

Palabra Secreta:

ilustradores

Separar:

-atos, -arde, -tir

Transferencia:

garabatos, cobarde, partir

Sinónimos y Antónimos

Una actividad para distinguir los Antónimos (palabras contrarias) y los Sinónimos (palabras con el mismo significado)

Anteriormente, la maestra selecciona algunas palabras de las cuales existen otras palabras con el mismo significado o que se prestan para encontrar palabras contrarias.

La maestra selecciona las palabras de acuerdo a las palabras que ya se encuentren en la pared. Una actividad como esta se presta para que los niños aprendan diferentes maneras de usar las palabras de la pared.

A los niños se les pide que busquen las palabras sinónimas o contrarias a las que selecciona la maestra.

Por ejemplo, la maestra presenta la palabra **despacito**.

Los niños buscan una palabra contraria rápido.

Otro ejemplo con la palabra, **demasiado**.

Los niños buscan una palabra con el mismo significado mucho.

Ejemplos de Algunos Sinónimos y Antónimos
Para el Primer Año

Sinónimos

amistad	amigo
encontrar	buscar
enorme	grande
chiquito	pequeño
divertir	jugar
encanta	gusta
preferido	favorito
carcajada	risa

Antónimos

ayer	mañana
traer	llevar
noche	día
adios	hola
ponen	quitan
venir	ir
todo	nada
mal	bien
feo	bonito
entra	sale

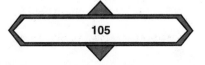

Ejemplos de Algunos Sinónimos y Antónimos
Para el Segundo Año

Sinónimos

deseo	quiero
exacto	igual
demasiado	mucho
escaso	poquito
suficiente	bastante
platicar	charlar
solo	único
aumentar	crecer
venir	llegar

Antónimos

enorme	chiquito
sucio	limpio
alto	bajo
nunca	siempre
arriba	abajo
recordar	olvidar
terminamos	empezamos
antes	después

Conjugando el Verbo

La actividad de Conjugar el verbo es una actividad que se presta para el desarrollo del segundo idioma español en una clase bilingüe. Una lección de conjugar el verbo les ayuda a los niños a aprender los cambios del verbo en español. Esta destreza será muy útil para la redacción.

La maestra selecciona una de las palabras de la pared que sea verbo, por ejemplo, caminar.

Por adelantado, la maestra prepara un letrero con los pronombres. Por ejemplo: Yo, Tú, Él/Ella, Ellos, Nosotros, Ustedes. Despues la maestra dicta el cambio del verbo. A los niños se les pide que escriban el dictado de la maestra:

> Yo camino
> Tú caminas
> Él/Ella camina
> Ellos caminan
> Nosotros caminamos
> Ustedes caminan

También, para conjugar el verbo se pueden preparar oraciones como las que se preparan para las lecciones de Adivina la Palabra Cubierta (pagina 20).

Por adelantado, la maestra prepara un letrero con oraciones dejando el espacio del verbo en blanco. A los niños se les pide que escriban el verbo conjugado que corresponde a cada oración.

Por ejemplo: **caminar**

> Yo _____ con mi amigo a la escuela.
>
> Tú _____ con tu amigo a la escuela.
>
> Él _____ con su amigo a la escuela.
>
> Ella _____ con su amigo a la escuela.
>
> Ellos_____ con su amigo a la escuela.
>
> Nosotros _____con nuestros amigos a la escuela.
>
> Ustedes _____ con sus amigos a la escuela.

Las lecciones de conjugar el verbo dependerán del nivel apropiado para sus niños.

Ejemplos de la Conjugación de Algunos Verbos

Los verbos que terminan con **ar**: **usar**, **dibujar**, **colorear**

Yo	uso	dibujo	coloreo
Tú	usas	dibujas	coloreas
Él	usa	dibuja	colorea
Ella	usa	dibuja	colorea
Ellos	usan	dibujan	colorean
Nosotros	usamos	dibujamos	coloreamos
Ustedes	usan	dibujan	colorean

Los verbos que terminan con **ir**: **escribir**, **subir**, **cumplir**

Yo	escribo	subo	cumplo
Tú	escribes	subes	cumples
Él	escribe	sube	cumple
Ella	escribe	sube	cumple
Ellos	escriben	suben	cumplen
Nosotros	escribimos	subimos	cumplimos
Ustedes	escriben	suben	cumplen

Los verbos que terminan con **er**: **leer**, **comer**, **aprender**

Yo	leo	como	aprendo
Tú	lees	comes	aprendes
Él	lee	come	aprende
Ella	lee	come	aprende
Ellos	leen	comen	aprenden
Nosotros	leemos	comemos	aprendemos
Ustedes	leen	comen	aprenden

Ejemplos de otros verbos: **editar**, **sumar**, **tomar**, **llevar**, **apagar**, **juntar**, **cumplir**, **elegir**, **corregir**, **dividir**, **beber**, **prender**

CD-104013 © Carson-Dellosa

Ejemplos de oraciones para repasar los verbos conjugados.

Comer
1. Yo como todos los días con mis amigos.
2. Él come con su tío Juan.
3. Tú comes con tu mejor amigo.
4. Ella come con su mamá.
5. Ellos comen con la maestra.
6. Nosotros comemos en la cafetería.
7. Ustedes comen afuera.

Correr
1. Yo corro todas las mañanas.
2. Tú corres en el recreo.
3. Él corre a su clase de matemáticas.
4. Ella corre a tomar agua.
5. Ellos corren por el patio.
6. Nosotros corremos a casa.
7. Ustedes corren a comprar dulces.

Colorear
1. Yo coloreo muy bonito.
2. Tú coloreas el dibujo de las mariposas.
3. Él colorea su dibujo solito.
4. Ella colorea con los marcadores.
5. Ellos colorean con los colores.
6. Nosotros coloreamos juntos.
7. Ustedes colorean con colores brillantes.

Escribir
1. Yo escribo cuentos divertidos.
2. Tú escribes en tu cuaderno de matemáticas.
3. Él escribe historias del pasado.
4. Ella escribe con lápices de color.
5. Ellos escriben en sus diarios.
6. Nosotros escribimos con letra pegada.
7. Ustedes escriben muchos cuentos de misterio.

Los letreros se pueden exhibir en el salón de clase para que los niños tengan a donde acudir cuando estén escribiendo.

Las Sílabas

La estructura de las sílabas es fundamental para el idioma español. Es la base de la lectura, por eso hemos incluído algunas lecciones para desarrollar este concepto. Las lecciones de las sílabas son apropiadas para el Componente de Palabras ya que es la estructura de la fonética por la cual se desarrolla la lectura en español. Incluso, las lecciones de las sílabas toman el lugar de las actividades de Formando las Palabras durante los primeros meses del año escolar para el primer año.

Experimentamos con maneras diferentes. Primero, con la técnica tradicional de enseñar, "ma, me, mi, mo, mu". Pero, descubrimos que pudimos avanzar más con la lectura cuando nos enfocamos con una misma vocal, y a esa vocal le añadimos los sonidos inciales diferentes. (El Programa Estrellita) Por ejempo: las sílabas con la vocal de la **a**: fa, ma, sa, ca, la, ra, ta, pa, na, da.

Por adelantado, la maestra prepara tarjetitas estudiantiles con todas las sílabas. También se preparan unas tarjetas con sílabas para la maestra. (Se pueden preparar de un color diferente para cada vocal. Por ejemplo, las tarjetas de las sílabas con la vocal a pueden ser del color verde. Las tarjetas de las sílabas con la letra e pueden ser todas azules y las de la vocal i pueden ser rojas, etc.

Ejemplos de unas lecciones con las sílabas de la vocal a.

Se presenta el agrupamiento seleccionado. A los niños se le proporcionan las tarjetas estudiantiles de las sílabas. Por ejemplo:

ma pa sa la na fa ja ya

La maestra exhibe las mismas sílabas en el cartelón y se asegura que todos los niños tengan las sílabas indicadas.

Después de haber leído las sílabas, a los niños se les pide que junten las sílabas que dicta la maestra para formar las palabras. Por ejemplo:

ama	mapa	lasa	pala	maya
asa	masa	pana	sala	ya
ala	pasa	sana	mala	faja
	paja	fama		

Un agrupamento de las sílabas se puede repasar toda la semana. Todo depende al nivel de los niños.

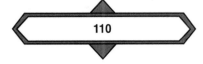

Después de haberse aprendido el agrupamiento de la semana, la maestra puede preparar unas oraciones para leer en voz alta.

Por ejemplo:

Mamá pasa a la sala.

Papá amasa la masa.

Maya ama a Ana.

Papá ama a mamá.

Para continuar al principio de la semana nueva, se repasan las sílabas que se aprendieron anteriormente y luego se presenta otro agrupamento de sílabas.

Por ejemplo, las sílabas:

ba za ta da ra ca ga lla

Ejemplo de las palabras que se pueden formar:

bata	taza	ralla	daba
rata	calla	gata	
cara	talla	raza	

batalla

rallaba

tallaba

caballa

Las sílabas de una semana se pueden combinar con las sílabas nuevas de la semana para ir formando más palabras.

Por ejemplo, las palabras:

aca	llama	para	laza
allá	paza	capa	lata
mata	pata	paga	cala
cama	tapa	bala	

Ejemplo de algunas oraciones que se pueden preparar con las sílabas:

Papá callaba a la gata.

Mamá saca la mata.

Sara tapa la rata.

Ana nada allá.

Para continuar, la maestra prepara otro agrupamiento de las sílabas. La introducción del agrupamiento nuevo depende a que nivel están aprendiendo los niños.

a ha ca xa cha sa ña na ma

Ejemplo de las palabras que se pueden formar:

vaca   hacha   mañana   casa   maña

caña   acá

saca   chamaca

Ejemplo de las oraciones que se pueden preparar para leer en voz alta:

Ana rallaba.

Papá talla la hacha.

Maya llama a mamá.

La chamaca pasa la caña.

La vaca pasaba callada.

Estas sílabas se pueden combinar con las sílabas de las lecciones pasadas para formar palabras de dos y tres sílabas.

Después de haberse presentado todas las sílabas de la vocal a se introduce una vocal nueva:

Por ejemplo, las sílabas con la vocal **e**.

A los niños se les proporcionan las tarjetitas estudiantiles de la sílaba **e**.

La maestra exhibe las mismas tarjetas en el cartelón.

Ejemplo de algunas palabras que se pueden formar con las sílabas de la vocal **e**.

tele	bese
pele	pese
mete	vete
lee	eche
leche	que
seque	ese
lleve	jefe
cheque	

Para continuar se pueden combinar las sílabas de la e con las sílabas de la **a**.

Por ejemplo:

sabe	lleva	exajera
besa	llave	pelleja
dale	mesera	jarabe
seda	damela	rechaza
dame	queda	quesada
leña	faceta	chaqueta
peña	helada	paleta

Al aprender las sílabas los niños, la maestra puede preparar otras lecciones añadiendo otras sílabas con la vocal **e**. Siempre repasando las sílabas de las semanas anteriores hasta que se hayan presentado todas las sílabas de la vocal **e**.

La maestra determina cual de las sílabas se presentarán después, ya sea las sílabas con la vocal de la **i** o de la **o** o las sílabas de la **u**.

Lo importante es el repaso constante de las sílabas y así se va desarrollando la lectura. Después de haberse aprendido todas las sílabas, se pueden enseñar las lecciones de Formando las Palabras como las recomendadas por las autoras Patricia Cunningham y Dottie Hall, en el *Month-by Month Phonics for First Grade* (Carson-Dellosa, 2003, 1997).

Un Bosquejo del Componente de Palabras

El mayor enfoque es:

El desarrollo de la lectura por medio del deletreo de las Palabras de Uso de Mayor Frecuencia (paginas 11-12). Reforzar las reglas del idioma español para el desarrollo y la fluidez en la lectura y la redacción de los niños. Reconocer automaticamente los patrones del idioma español escrito.

Tiempo asignado: 30-40 minutos

El Primer Segmento: 10 minutos

Durante este segmento se enseñan las palabras de la pared para continuar una Actividad de Repaso (paginas 13-17).

El Segundo Segmento: 20-30 minutos

Después de las lecciones le las actividades con las palabras de la pared, la maestra prepara una lección para reforzar los patrones escritos del idioma.

Palabro

Proceso para el juego de Palabro*:

1. Por adelantado, se duplica la página de Palabro, una para cada niño.

2. Los niños seleccionan 24 palabras de la pared de palabras. A los niños se les pide que escriban las 24 palabras, una en cada espacio. Las palabras que van seleccionando las van deletreando en voz alta, así van escuchando los sonidos de las letras. La maestra escribe las palabras en unas tarjetas y se asegura que los niños escriban las palabras correctamente, llenando una hilera vertical, horizontal o diagonal. Todos escribirán las mismas palabras, pero cada estudiante escogerá en cual espacio colocar cada palabra.

   (Este juego también se puede usar como una forma de evaluación. La maestra hace la selección de las palabras. La maestra les dicta las 24 palabras y los niños las escriben en los espacios que escojan ellos mismos. De esta manera, la maestra puede evaluar el deletreo y la escritura de los niños).

3. Las tarjetas de las palabras se barajean y la maestra empieza a decir las palabras de una por una. Los niños tendrán que marcar cada espacio de la palabra que dice la maestra (se puede usar algo pequeño como frijol, cereal o cualquier objeto redondo).

4. El que llena una hilera es el que gana. Aviza con el grito de, "¡Palabro!" Se declara ganador si deletreó las palabras correctamente.

5. Se puede repetir el juego para que haya más ganadores.

*Este juego también es otra oportunidad para reforzar y practicar la escritura correcta. Estas mismas hojas se pueden archivar para usarlas varias veces.

Tarea de Formando las Palabras

La maestra selecciona una palabra secreta (puede ser la que revelaron para la lección del día de Formando las Palabras).

La maestra prepara la página de tarea. Empieza escribir las letras de la palabra secreta seleccionada, una en cada espacio.

A los niños se les pide que recorten las letras en casa y que formen palabras con las letras de la parlabra secreta. Van a escribir en los espacios de la página todas las palabras que forman. Al día siguiente pueden compartir las palabras que formaron en casa.

También se les pide que descifren la palabra secreta.

Un Ejemplo de Una Semana

lunes

El Primer Segmento

La maestra introduce las cinco palabras seleccionadas. Los niños de una por una observan las palabras, las deletrean por silabas aplaudiendo o con cualquier otro movimiento, asimilan la escritura de las palabras en el aire, escriben las palabras, las trazan y las revisan con la maestra. Acontinuación, una Actividad de Repaso.

El Segundo Segmento

La maestra dirige la Acitividad de Repaso de Formando las Palabras con la palabra secreta seleccionada que sea un enlace al plan de estudio.

martes

El Primer Segmento

Este día, se repasan las cinco palabras del lunes. De una por una los niños las observan, las deletrean por sílabas, las escriben y las trazan. Acontinuación, una Actividad de Repaso. Se puede seleccionar una de las palabras del lunes y se practica el patrón escrito con unas palabras nuevas. Ejemplo: tenía, había, todavía, quería, subía

El Segundo Segmento

La maestra dirige la Actividad de Repaso de Formando las Palabras usando otra palabra secreta seleccionada, que sea un enlace al plan de estudio.

miercoles

El Primer Segmento

La maestra selecciona cinco palabras de la pared que se aprendieron durante las semanas pasadas. Acontinuación, una Actividad de Repaso, Adivina lo que pienso.

El Segundo Segemento

La maestra selecciona el libro que leyeron para la Lectura dirigida que contenga varias palabras que riman para la lección de Lazando las Rimas.

jueves

El Primer Segmento

La maestra selecciona otras cinco palabras de la pared que se aprendieron durante las semanas pasadas. Este sería una oportunidad para repasar las palabras que estén causando dificultad en la redacción y en la lectura. La maestra dirige una Actividad de Repaso del tiempo del gerundio del verbo.

El Segundo Segmento

La maestra dirige la lección de Adivina la Palabra Cubierta. Las Oraciones de la lección son un enlace para el plan de estudio.

viernes

El Primer Segmento

La maestra selecciona otras cinco palabras de la pared, pueden ser las palabras que llevan acentos escritos. Por ejemplo: la lección de Actividad de Repaso será para repasar el acentoescrito en la última sílaba.

El Segundo Segmento

La maestra dirige la lección de Sinónimos y Antónimos para el desarrollo del uso de las palabras de la pared.

Glosario de Regionalismos

atole   un liquido espeso que se prepara con harina de maíz herbida en agua o leche

chaleco   prenda de vestir sin mangas que se usa sobre una camisa

charlar   platicar

chamarra/chaqueta   prenda de vestir para proteger el cuerpo del frío

chicharrón   cuero de marrano frito

chicle   goma de mascar

chile   especie de pimiento muy picante que se usa para guisar

chiquito   pequeño

choclo   zapatilla, pantunfula que se usa para estar en casa

Chole   apodo del nombre de María Soledad

comal   un plato de hiero plano que se usa para calentar las tortillas

doña   título que se usa para dirigirse a una mujer con respeto; ej. doña Carmen

marcadores   rotulador

rancho   En America, granja donde se crían caballos, vacas y otros animales. Comida hecha para un grupo de personas.

sope   tortilla de maíz grueza

tamales   comida preparada con harina de maíz envuelta en hoja de maíz o de plátano cocida con vapor

Glosario de Regionalismos

atole	a thick liquid prepared by boiling corn maiz in water or milk
chaleco	vest
charlar	to talk
chamarra/chaqueta	jacket that protects from the cold
chicharrón	fried pork skin
chicle	chewing gum
chile	a hot spice
chiquito	small
choclo	a dress shoe
Chole	nickname for a person named María Soledad
comal	flat iron plate that is heated to cook tortillas on
doña	a title used in front of a womans name to as a sign of respect: doña María
marcadores	marker
rancho	ranch
sope	a thick round corn tortilla
tamales	food that is prepared with corn maize wrapped in banana peels or corn husks

Referencias

Cunningham, P. M. & Hall, D. P., and Sigmon, C. M. (1999). *The Teacher's Guide to the Four-Blocks*. Greensboro, NC: Carson-Dellosa.

Cunningham, P. M. and Hall, D. P. (1997, 2003). *Month-By-Month Phonics For First Grade*. Greensboro, NC: Carson-Dellosa.

Cunningham, P. M. and Hall, D. P. (1998, 2003). *Month-By-Month Phonics For Second Grade*. Greensboro, NC: Carson-Dellosa.

Cunningham, P.M. and Hall, D. P. (1998, 2003). *Month-By-Month Phonics For Third Grade*. Greensboro, NC: Carson-Dellosa.

Cunningham, P. M. (2000). *Phonics They Use: Words for Reading and Writing*. New York: Addison-Wesley Educational Publishers.

Cunningham, P. M. and Allington, R. L. (2003). *Classrooms That Work: They Can All Read and Write*. New York: Pearson Education, Inc.

Escamilla, K. (1999). "Teaching Literacy in Spanish." In R. DeVillar and J. Tinajero (eds.), *The Power of Two Languages: Effective Dual Language Use Across the Curriculum for Academic Success*. New York: McMillan/McGraw-Hill, 126-141.

Meyer, K. (1990). *Estrellita Accelerated Beginning Spanish Program*, Oxnard School District, 1990.

Rojas-Calvo, L., (2000). *Español 2 Edición Anotada Para El Profesor*. Editorial Santillana, Mexico, D. F.

Rojas-Calvo, L. (2000) *Español 1 Edición Anotada Para El Profesor*. Editorial Santillana, Mexico, D. F.

Santillana. (1993). *Diccionario Escolar de La Lengua Española*, Spain: Grupo Santillana de Ediciones, S.A.

Santillana. (1996). *Diccionario de Sinónimos y Antónimos*. Spain: Grupo Santillana de Ediciones, S.A.

Tarea Formando Palabras

Trabajando con palabras en español

CD-104013 © Carson-Dellosa

Nombre_____

Fecha_____

PALABRO

Trabajando con palabras en español

CD-104013 © Carson-Dellosa

ma	pa
sa	la
ta	da

ga	cha
ña	va
lla	za

ra	ca
na	fa
ba	ja

ya	ha
xa	ka
a	

ge	che
ñe	ve
lle	que

me	pe
se	le
te	de

Trabajando con palabras en español

re	ce
ne	fe
be	je

ze	he
ye	xe
e	gue

gi	chi
ñi	vi
lli	qui

CD-104013 © Carson-Dellosa

ri	ci
ni	fi
bi	ji

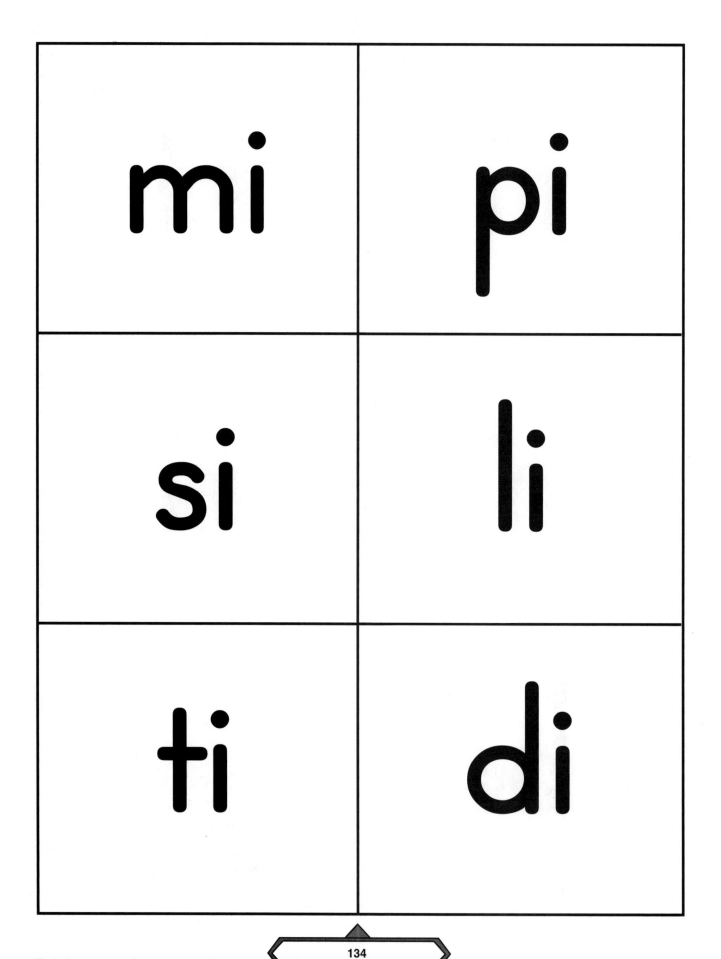

mi

pi

si

li

ti

di

zi	hi
yi	xi
ki	gui

mo	po
so	lo
to	do

ro	co
no	fo
bo	jo

CD-104013 © Carson-Dellosa

go	cho
ño	vo
llo	zo

yo	ho
xo	ko

mu	pu
su	lu
tu	du

gu	chu
ñu	vu
llu	zu

ru	cu
nu	fu
bu	ju

Trabajando con palabras en español

yu

hu

xu

ku

Trabajando con palabras en español